Arthur Sullivan, William Schwenck Gilbert, Friedrich Dohm

Amor an Bord

Komische Oper in zwei Akten

Arthur Sullivan, William Schwenck Gilbert, Friedrich Dohm

Amor an Bord
Komische Oper in zwei Akten

ISBN/EAN: 9783743699533

Hergestellt in Europa, USA, Kanada, Australien, Japan

Cover: Foto ©Thomas Meinert / pixelio.de

Weitere Bücher finden Sie auf **www.hansebooks.com**

INHALT.

Erster Act.

No.			Seite
1.	Matrosenchor.	Auf des blauen Meerespfad	3.
2.	Recitativ.	Heil, deutsche Männer Euch auf fremder Erde.	7.
	Arie.	Als Tausendschön kennt man mich	8
2a.	Recitativ.	Doch sagt mir, wer der Jüngling	10.
3.	Scene.	Die Nachtigall seufzt nach des Mondes Schein	10.
	Arie und Chor.	Ein Mägdlein, wonnereich	12.
4.	Recitativ.	Du tapfere Schaar, gut'n Morgen	14.
	Lied und Chor.	Ich commandir' als Capitän an Bord .	15.
4a.	Recitativ.	Herr, habt Ihr Gram?	18.
5.	Lied.	Die höchste Qual, der tiefste Schmerz . .	20.
6.	Barcarole.	Weit über's blaue Meer	22.
7.	Matrosenchor.	Seht, es naht die Barke dort	23.
		Lasst uns singen, tanzen, springen . . .	24.
8.	Recitativ.	Dreifaches Hoch, rufet mit mir	28.
	Lied und Chor.	In diesem fernen Inselland	28.
9.	Lied mit Chor.	Als kaum ich das Licht der Welt erblickt .	32.
9a.	Solo und Chor.	Denn ein Seemann, wie ich mein' . . .	34.
10.	Terzett und Chor.	Der Seemann ist gar ein leichtes Blut .	35.
11.	Duett.	Halt ein! Lass mich in Ruh'	39.
12.	Finale.		
	a) Recitativ und Ensemble.	Kann solche Schmach ich überleben?	43.
	b) Trio und Ensemble.	O Lust, o Wonn' und Seligkeit . .	49.

Zweiter Act.

	Entr'act	. . . .	68.
13.	Serenade.	Mond, den am Himmelszelt wandern ich oft gesehen	69.
14.	Duett.	Ach, wie oft trügt doch der Schein . . .	71.
15.	Scene.	Wie schleicht der Augenblick	76.
	Arie.	Ein Seemann, arm, doch unverzagt . . .	77.
16.	Terzett.	Denkt nicht an's Wieso und Warum! . . .	81.
17.	Duett.	Hört, Capitän, ich bring Euch wicht'ge Kunde	84.
18.	Solo und Chor.	Leise öffnet jetzt die Thüren	89.
	Scene.	Halt! da dein Vater ich bin	92.
		Euch gegenüber hab' ich immer . .	96.
19.	Octett und Chor.	Leb' wohl, mein Schatz! . . .	102.
20.	Lied und Chor.	Vor langen Jahren schon . . .	107.
20a.	Recitativ.	Hier, nehmt sie hin! . . .	111.
21.	Finale.	O Lust, o Wonn' und Seligkeit .	113.

No. 1. Einleitung und Chor.

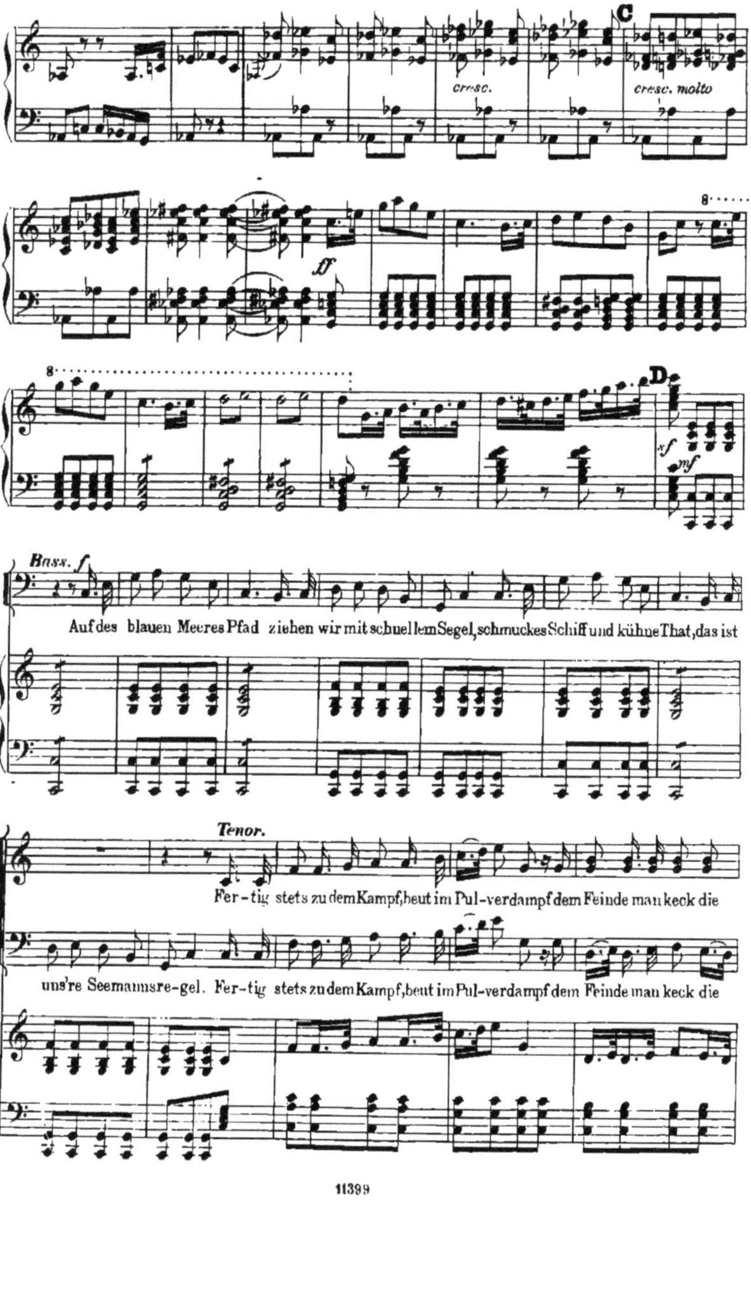
C
cresc.
cresc. molto
ff
8
D
sf
mf
Bass. f
Auf des blauen Meeres Pfad ziehen wir mit schnellem Segel, schmuckes Schiff und kühne That, das ist
Tenor.
Fer-tig stets zu dem Kampf, heut im Pul-verdampf dem Feinde man keck die
uns're Seemannsre-gel. Fer-tig stets zu dem Kampf, heut im Pul-verdampf dem Feinde man keck die

No. 2. Recitativ und Lied.

10

tie - fe Thal möcht beim ho - hen Berg gern sein; Es stimmt ihm zur Qual, das
Echo des Berges ein und singt von Liebespein!
CHOR.
Und singt von Liebespein.
RALPH.
Ein gu-ter Chorist sicher hoch zu-achten; doch giebt er, honny soit qui mal y pense, Nur wenig
Trost, wenn Sorgen uns um-nachten, Ich lieb', doch wär's für sie 'ne Més-al - liance!
FR. KR.
Er liebt, doch wär's für sie 'ne Mésal - lian-ce!
CHOR.
Ja, für sein Schätzchen wär's 'ne Mésal - lian-ce!
dim.
pp
p
f

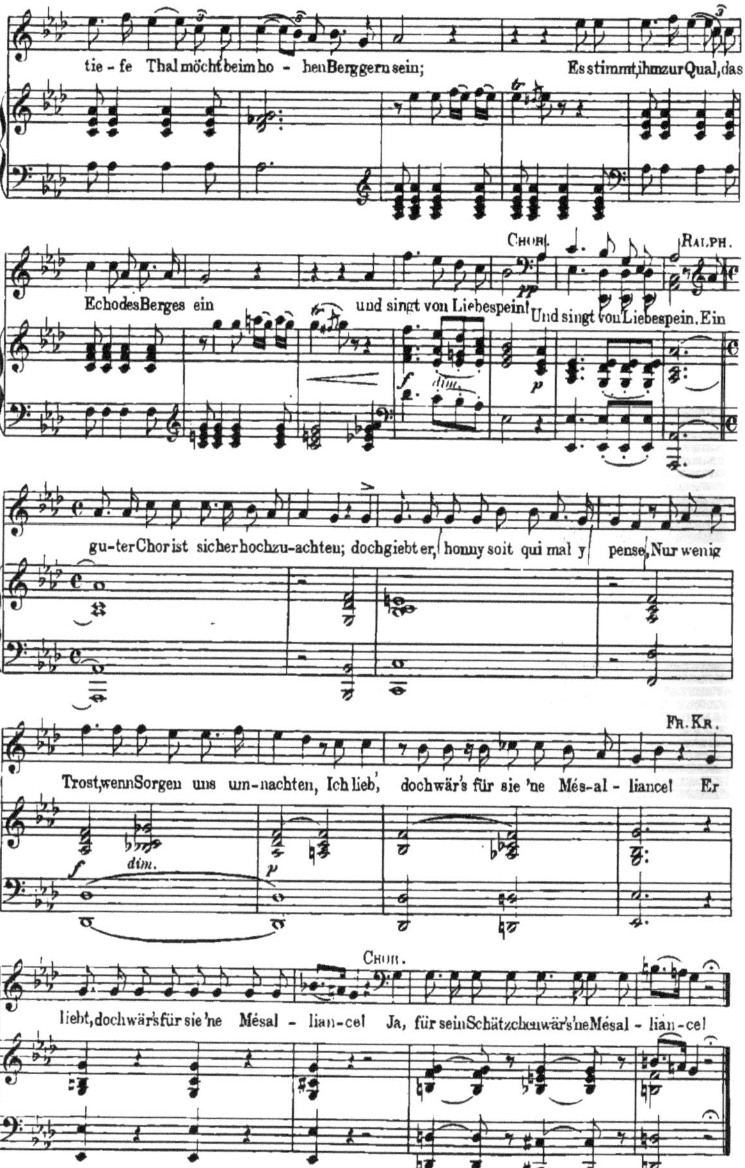

Arie und Chor.

Andante moderato.

RALPH.
Ein Mägdlein, won-nereich, der duft'gen Knospe gleich, von zarten, hol-den Mienen; und ei-ne stol-ze Schaar von schmuckenRittern war be-eifert, ihr zu dienen.

CHOR: Wett-ei-fert, ihr zu dienen.

RALPH: Ein ar-mer junger Fant, von Leidenschaft entbrannt für sie, verliebt zum Sterben, wagt, ob auch hoffnungs-los, sein Schmerz war gar zu gross, um so viel Reiz zu werben!

CHOR: Um

No. 4. Recitativ, Lied und Chor.

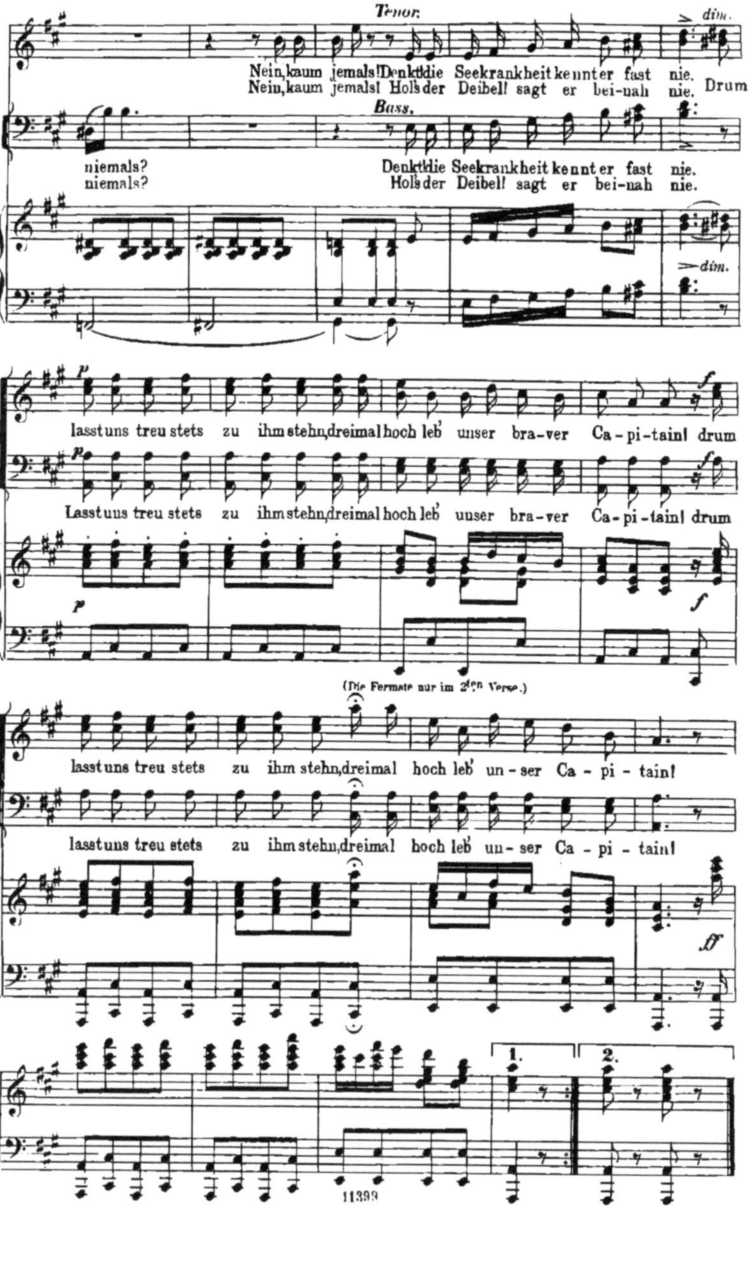
Tenor.
dim.
Nein, kaum jemals! Denkt die Seekrankheit kennt er fast nie.
Nein, kaum jemals! Hol's der Deibel! sagt er bei-nah nie. Drum
Bass.
niemals?
niemals?
Denkt die Seekrankheit kennt er fast nie.
Hol's der Deibel! sagt er bei-nah nie.
dim.
p
lasst uns treu stets zu ihm stehn, dreimal hoch leb' unser bra-ver Ca-pi-tain! drum
f
Lasst uns treu stets zu ihm stehn, dreimal hoch leb' unser bra-ver Ca-pi-tain! drum
(Die Fermate nur im 2ten Verse.)
lasst uns treu stets zu ihm stehn, dreimal hoch leb' un-ser Ca-pi-tain!
lasst uns treu stets zu ihm stehn, dreimal hoch leb' un-ser Ca-pi-tain!
ff
1.
2.

No. 4a. Recitativ.

No. 7. Matrosenchor.

No. 8. Terzett Lied und Chor.

MINISTER.
1. Amme meint, er wär' ein kleiner Nimmer-satt.
2. hat er nichts verges-sen und auch nichts ge-lernt.
3. balddrauf we-gen dummer Streiche re-le-girt.
4. dirt und lei-der Got-tes auch The-o-lo-gie.
5. er mit'nem li-be-ra-len Landrath fuhr.
6. zu in die-sem hoch-be-glückten In-sel-land.
1-5. Mein sel'ger Va-ter a-ber sprach:
6. Und so, wie ich be-haup-te, hatt'
CHOR.
1-5. In der That, der Jun-ge wird gewiss noch mal ein Di-plomat. Sein sel'ger Va-ter a-ber sprach:
6. in der That, mehr Glück ich als Verstand; drum ward ich Di-plomat. Und so, wie er be-hauptet, hatt'
1-5. Sein sel'ger Va-ter a-ber sprach:
6. Und so, wie er be-hauptet, hatt'
1-5. In der That, der Jun-ge wird gewiss noch mal ein Di-plomat.
6. in der That, mehr Glück er als Verstand; drum ward er Di-plomat.
plomat.
1-5. In der That, der Jun-ge wird gewiss noch mal ein Di-plomat.
6. in der That, mehr Glück er als Verstand; drum ward er Di-plomat.

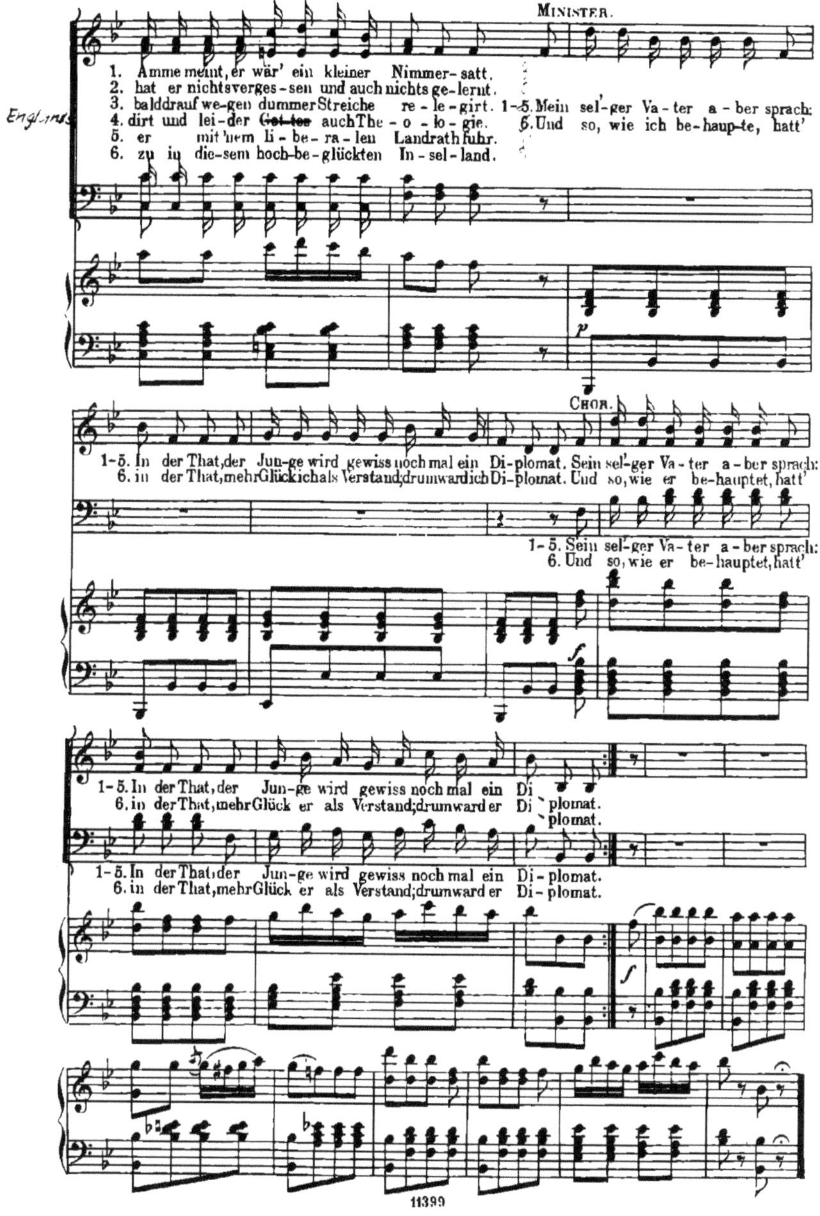

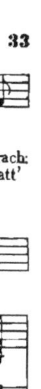

No. 9a. Abgang der Damen.

No. 11. Duett.

No. 12. Finale.

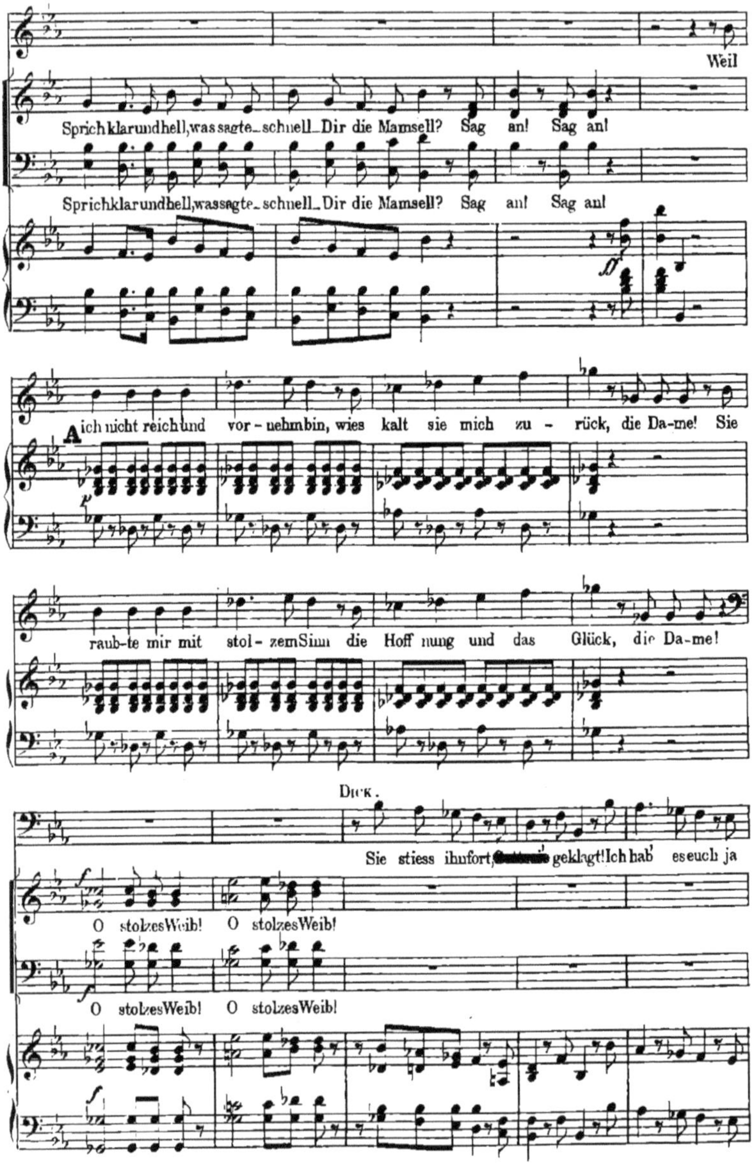

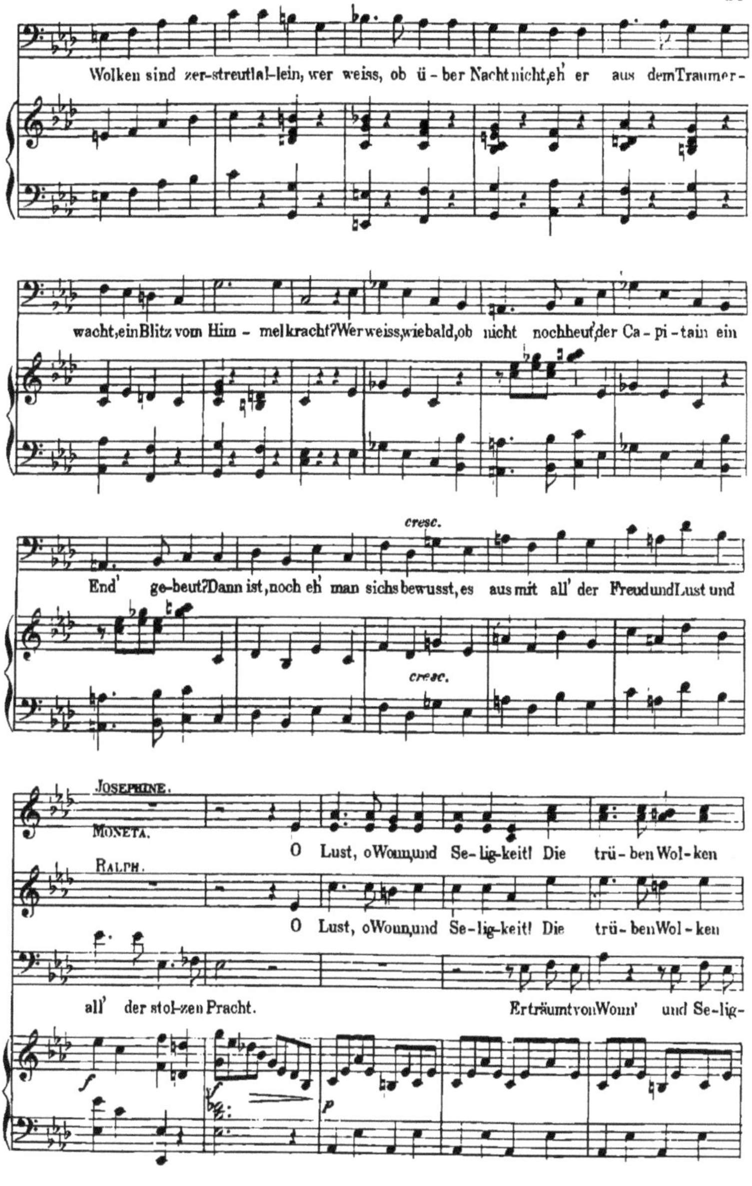
Wolken sind zer-streut!al-lein, wer weiss, ob ü - ber Nacht nicht,eh' er aus demTraumer-
wacht,ein Blitz vom Him - mel kracht? Wer weiss,wiebald,ob nicht nochheut'der Ca - pi - tain ein
cresc.
End' ge-beut? Dann ist,noch eh' man sichs bewusst, es aus mit all' der FreudundLust und
cresc.
JOSEPHINE.
MONETA.
O Lust, oWonn,und Se-lig-keit! Die trü - ben Wol - ken
RALPH.
O Lust, oWonn,und Se-lig-keit! Die trü - benWol - ken
all' der stol-zen Pracht.
Erträumt vonWonn' und Se-lig-
f
p

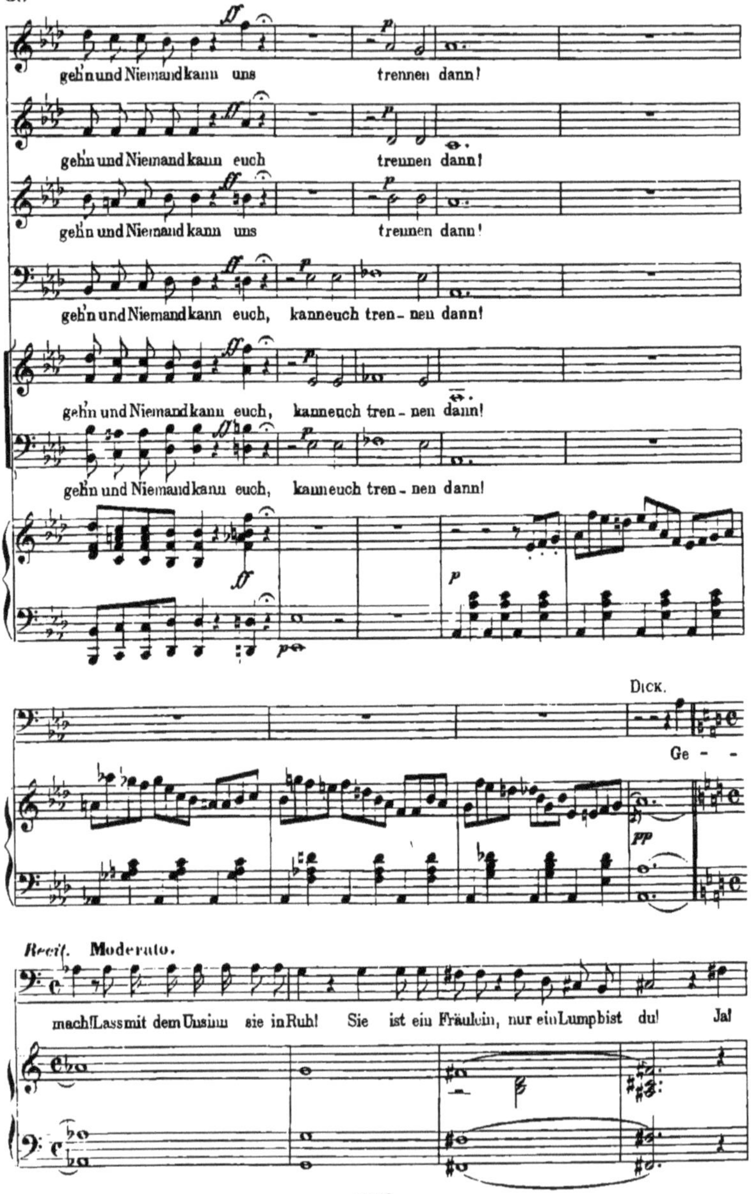
geh'n und Niemand kann uns trennen dann!
geh'n und Niemand kann euch trennen dann!
geh'n und Niemand kann uns trennen dann!
geh'n und Niemand kann euch, kann euch tren- nen dann!
geh'n und Niemand kann euch, kann euch tren- nen dann!
geh'n und Niemand kann euch, kann euch tren- nen dann!
DICK.
Ge-
Recit. Moderato.
mach! Lass mit dem Unsinn sie in Ruh! Sie ist ein Fräulein, nur ein Lump bist du! Ja!

sie ist ein vornehmes Frauenzimmer, du aber bist ein Lump und bleibst es immer! Schuft! Wirst du jetzt wohl schweigen! Wart', gleich will ich's dir zeigen!

Allegro con brio.

Chor. Sopr. Tenor & Bass.

Sopran.

Tenor & Bass.

Nun bringt ein Hoch der Matrosenbraut, die nicht auf Rang und Reichthum schaut, die Haus und Hof verlässt ohn' Reu und dem

Nun bringt ein Hoch der Matrosenbraut, die nicht auf Rang und Reichthum schaut, die Haus und Hof verlässt ohn' Reu und dem

66

Entr'act.

Zweiter Akt.
No. 13. Serenade.

No. 14. Duett.

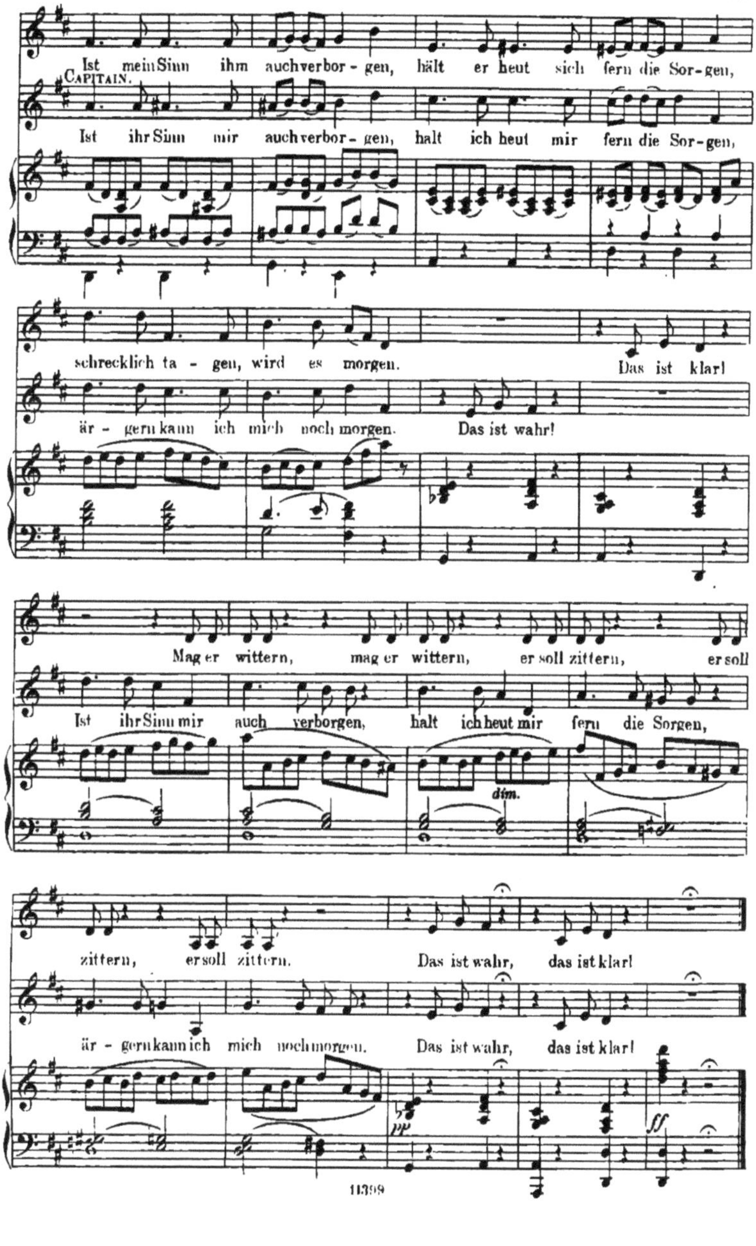
CAPITAIN.
Ist mein Sinn ihm auch verbor - gen, hält er heut sich fern die Sor-gen,
Ist ihr Sinn mir auch verbor - gen, halt ich heut mir fern die Sor-gen,
schrecklich ta - gen, wird es morgen. Das ist klar!
är - gern kann ich mich noch morgen. Das ist wahr!
Mag er wittern, mag er wittern, er soll zittern, er soll
Ist ihr Sinn mir auch verborgen, halt ich heut mir fern die Sorgen,
dim.
zittern, er soll zittern. Das ist wahr, das ist klar!
är - gern kann ich mich noch morgen. Das ist wahr, das ist klar!
pp
ff

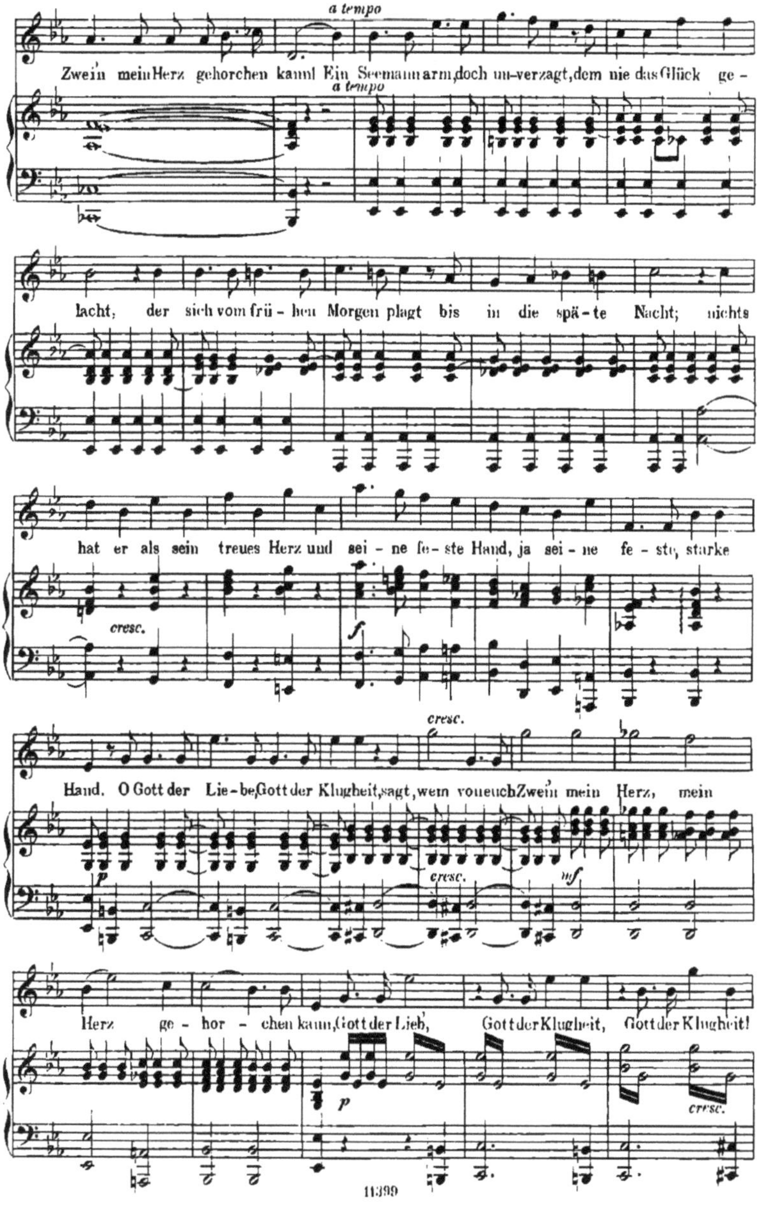
a tempo
Zwei'n mein Herz gehorchen kann! Ein Seemann arm, doch un-verzagt, dem nie das Glück ge-
a tempo
lacht, der sich vom frü-hen Morgen plagt bis in die spä-te Nacht; nichts
hat er als sein treues Herz und sei-ne fe-ste Hand, ja sei-ne fe-ste, starke
cresc.
f
cresc.
Hand. O Gott der Lie-be, Gott der Klugheit, sagt, wem von euch Zwei'n mein Herz, mein
p
cresc.
mf
Herz ge-hor-chen kann, Gott der Lieb', Gott der Klugheit, Gott der Klugheit!
p
cresc.

No. 16. Terzett.

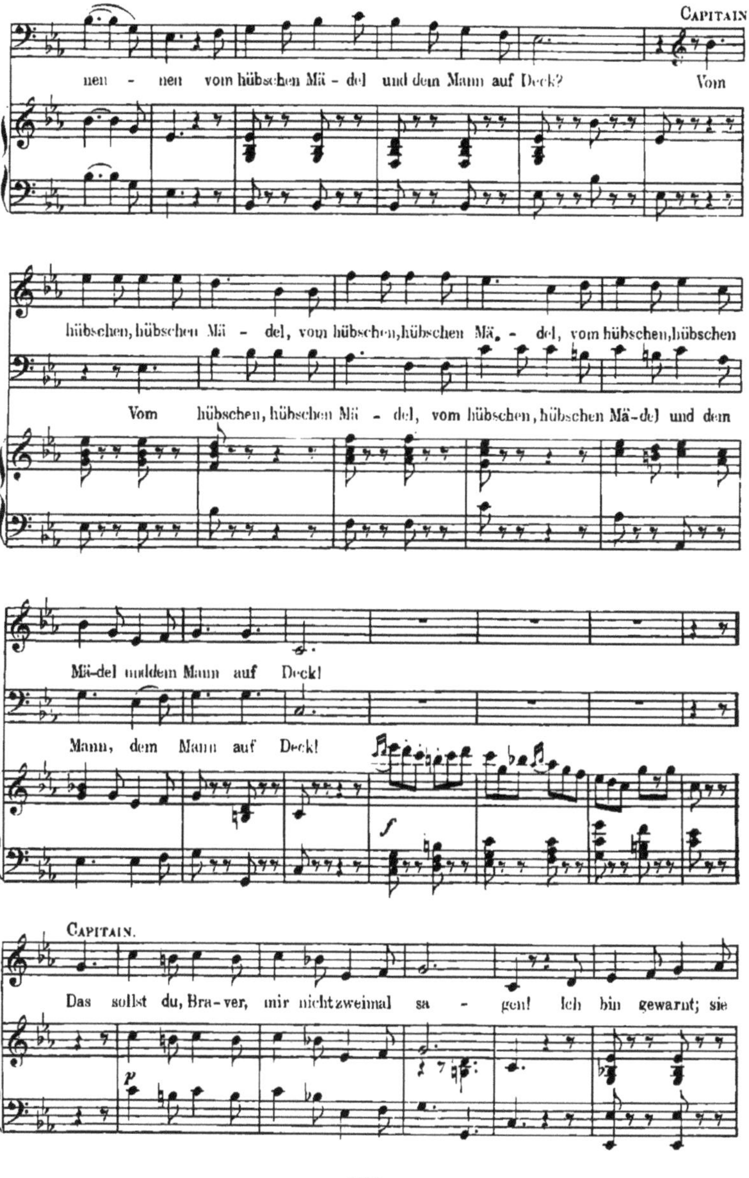
Capitain.
nen - nen vom hübschen Mä - del und dem Mann auf Deck?
Vom
hübschen, hübschen Mä - del, vom hübschen, hübschen Mä - del, vom hübschen, hübschen
Vom hübschen, hübschen Mä - del, vom hübschen, hübschen Mä-del und dem
Mä-del und dem Mann auf Deck!
Mann, dem Mann auf Deck!
f
Capitain.
Das sollst du, Bra-ver, mir nicht zweimal sa - gen! Ich bin gewarnt; sie
p

90

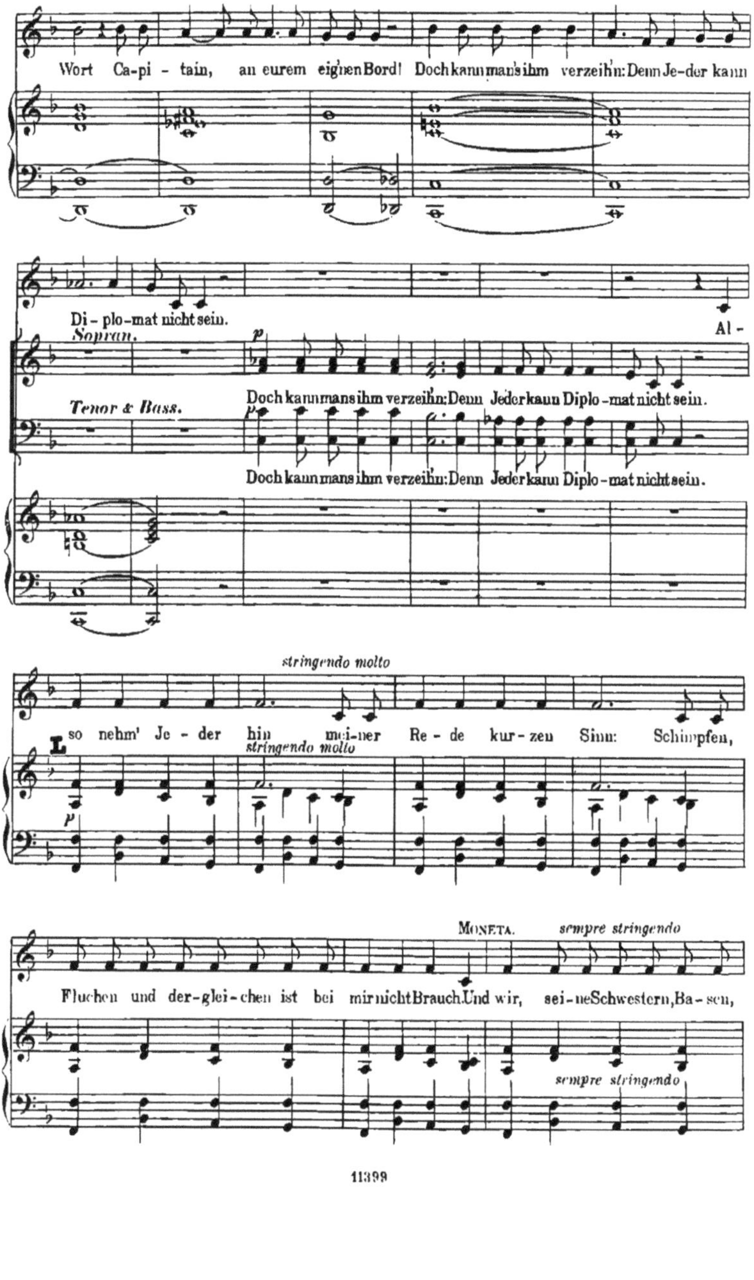
Wort Ca-pi - tain, an eurem eig'nen Bord! Doch kann man's ihm verzeih'n: Denn Je-der kann
Di - plo - mat nicht sein.
Sopran.
Al-
Doch kann man's ihm verzeih'n: Denn Jeder kann Diplo - mat nicht sein.
Tenor & Bass.
Doch kann man's ihm verzeih'n: Denn Jeder kann Diplo - mat nicht sein.
stringendo molto
so nehm' Je - der hin mei-ner Re - de kur - zen Sinn: Schimpfen,
L
stringendo molto
MONETA.
sempre stringendo
Fluchen und der-glei - chen ist bei mir nicht Brauch. Und wir, sei-ne Schwestern, Ba-sen,
sempre stringendo

No. 19. Octett und Chor.

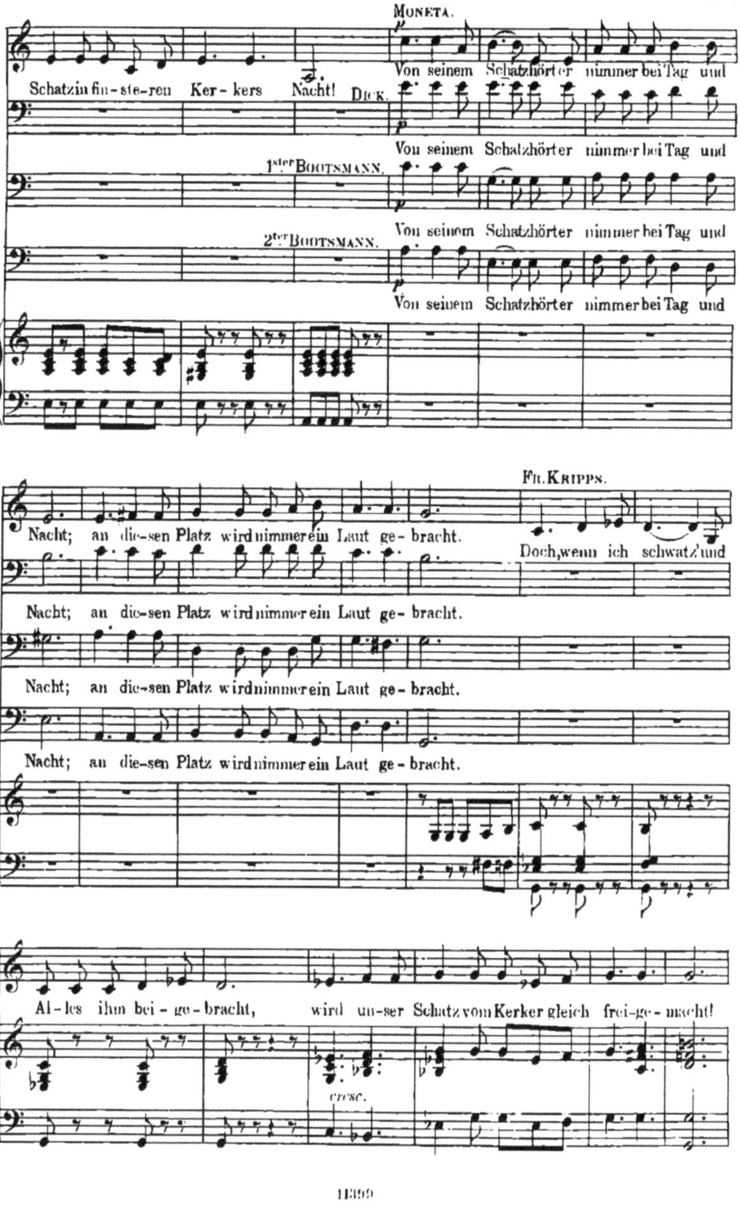
Moneta.
Schatz in fin-ste-ren Ker-kers Nacht!
Von seinem Schatz hörter nimmer bei Tag und
Dick.
Von seinem Schatz hörter nimmer bei Tag und
1ster Bootsmann.
Von seinem Schatz hörter nimmer bei Tag und
2ter Bootsmann.
Von seinem Schatz hörter nimmer bei Tag und
Nacht; an die-sen Platz wird nimmer ein Laut ge-bracht.
Fr. Kripps.
Doch, wenn ich schwatz' und
Nacht; an die-sen Platz wird nimmer ein Laut ge-bracht.
Nacht; an die-sen Platz wird nimmer ein Laut ge-bracht.
Nacht; an die-sen Platz wird nimmer ein Laut ge-bracht.
Al-les ihm bei-ge-bracht, wird un-ser Schatz vom Kerker gleich frei-ge-macht!
cresc.

No. 20. Lied und Chor.

No. 20a. Recitativ.

No. 21. Finale.

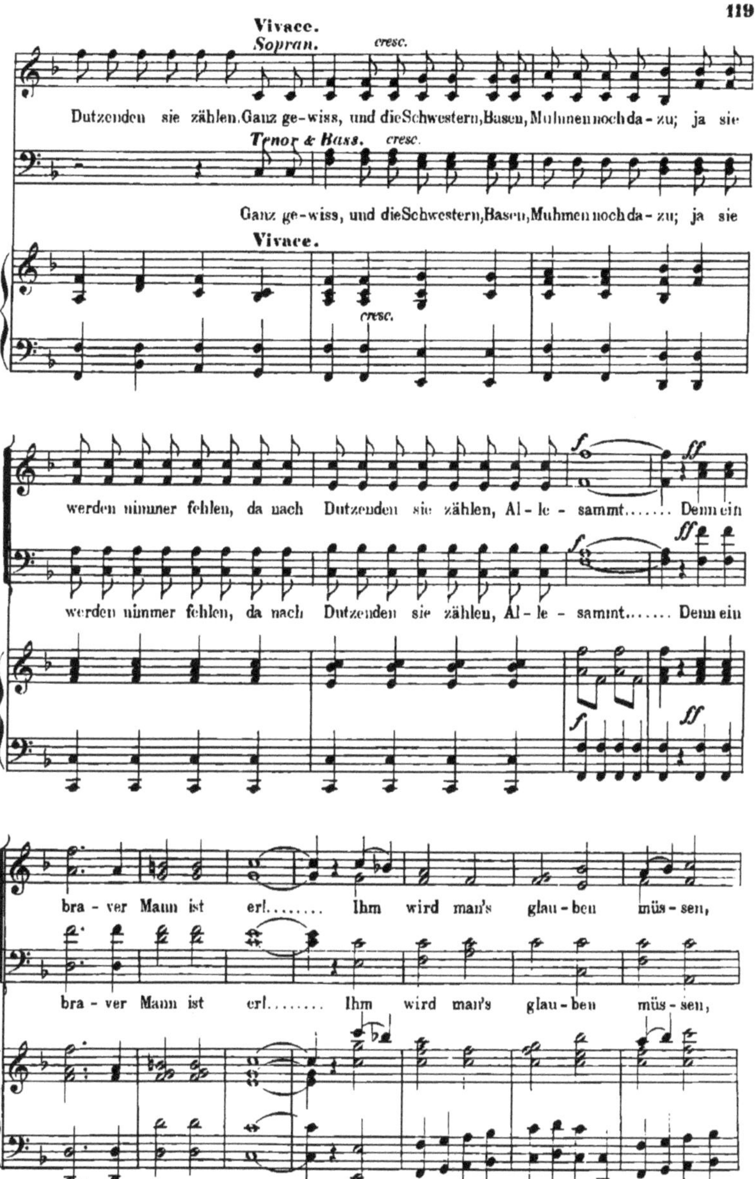
Vivace.
Sopran.
cresc.
Dutzenden sie zählen. Ganz ge-wiss, und die Schwestern, Basen, Muhmen noch da-zu; ja sie
Tenor & Bass.
cresc.
Ganz ge-wiss, und die Schwestern, Basen, Muhmen noch da-zu; ja sie
Vivace.
cresc.
werden nimmer fehlen, da nach Dutzenden sie zählen, Al-le-sammt....... Denn ein
werden nimmer fehlen, da nach Dutzenden sie zählen, Al-le-sammt....... Denn ein
bra-ver Mann ist er!........ Ihm wird man's glau-ben müs-sen,
bra-ver Mann ist er!........ Ihm wird man's glau-ben müs-sen,